The Night of Miracles Bilingual Italian-English Christmas Stories for Italian Language Learners

Pomme Bilingual

Published by Pomme Bilingual, 2024.

While every precaution has been taken in the preparation of this book, the publisher assumes no responsibility for errors or omissions, or for damages resulting from the use of the information contained herein.

THE NIGHT OF MIRACLES BILINGUAL ITALIAN-ENGLISH CHRISTMAS STORIES FOR ITALIAN LANGUAGE LEARNERS

First edition. October 8, 2024.

Copyright © 2024 Pomme Bilingual.

ISBN: 979-8227417152

Written by Pomme Bilingual.

Table of Contents

Il Natale che Non C'è"

Era la mattina di Natale, e Marco si svegliò con l'odore del caffè che filtrava dalla cucina. Aspettava con ansia il momento di scartare i regali e festeggiare con la famiglia. Ma quando aprì gli occhi, qualcosa non andava. La sua casa era incredibilmente silenziosa.

Si alzò e andò in sala da pranzo. Non c'erano addobbi, né l'albero di Natale, né i regali accatastati sotto di esso. Solo un tavolo vuoto e una finestra che dava su una strada deserta. Sconvolto, Marco guardò fuori: il mondo sembrava essersi fermato. Nessuna luce festiva, nessun canto, nessuna decorazione. Era come se Natale non fosse mai esistito.

"Che diavolo è successo?" si chiese, e si vestì in fretta. Decise di uscire e scoprire cosa fosse successo al Natale. Camminando per le strade, si rese conto che il suo quartiere era in uno stato di desolazione. Le case erano buie e silenziose, come se gli abitanti avessero abbandonato l'idea di festeggiare.

Marco si avventurò più lontano, cercando segni di celebrazione. Passò davanti a un supermercato, ma anche lì le corsie erano deserte. I dipendenti si guardavano increduli. "Non ci sono regali, né decorazioni, né carrelli pieni di dolci," si lamentò una donna. "È come se Natale fosse scomparso."

La sua ricerca lo portò in una piazza centrale, di solito piena di vita, ora abbandonata. Ma in mezzo al deserto urbano, notò un vecchio uomo seduto su una panchina. Si avvicinò e chiese: "Sai dove è finito il Natale?"

L'uomo lo guardò con un sorriso triste e rispose: "Natale? Quello che hai perso è il vero spirito del Natale. La commercializzazione ci ha rubato la gioia. Nessuno celebra più, perché tutti sono troppo occupati a comprare."

Marco rifletté su quelle parole. Era vero: l'ossessione per i regali e le decorazioni aveva oscurato il significato del Natale. In quel momento, decise di fare qualcosa. Tornò a casa, si mise a cucinare, e scrisse un messaggio ai suoi amici.

Quando la sera arrivò, la sua casa si illuminò con l'odore dei piatti che aveva preparato. Non c'erano regali, ma c'era amore e amicizia. E così, Marco scoprì che il Natale non era scomparso, ma si era semplicemente trasformato.

E, mentre i suoi amici entravano, la risata e la gioia riempirono la casa. Quel Natale, privo di consumismo, era diventato il più bello di tutti.

The Christmas That Isn't There

It was Christmas morning, and Marco woke up to the smell of coffee wafting from the kitchen. He eagerly awaited the moment to unwrap presents and celebrate with his family. But when he opened his eyes, something was off.

He got up and headed to the dining room. There were no decorations, no Christmas tree, and no gifts piled underneath it. Just an empty table and a window overlooking a deserted street. Shocked, Marco looked outside: the world seemed to have stopped. No festive lights, no carols, no decorations. It was as if Christmas had never existed.

"What the hell happened?" he wondered, quickly getting dressed. He decided to go out and discover what had happened to Christmas. Walking through the streets, he realized his neighborhood was in a state of desolation. The houses were dark and silent, as if the inhabitants had abandoned the idea of celebrating.

Marco ventured further, looking for signs of celebration. He passed by a supermarket, but even there the aisles were deserted. The employees looked incredulous. "There are no gifts, no decorations, no carts full of sweets," a woman complained. "It's as if Christmas has disappeared."

His search led him to a central square, usually full of life, now abandoned. But in the middle of the urban desert, he noticed an old man sitting on a bench. He approached and asked, "Do you know where Christmas has gone?"

The man looked at him with a sad smile and replied, "Christmas? What you've lost is the true spirit of Christmas. Commercialization has robbed us of joy. No one celebrates anymore because everyone is too busy buying."

Marco pondered those words. It was true: the obsession with gifts and decorations had obscured the meaning of Christmas. In that moment, he decided to do something. He returned home, started cooking, and wrote a message to his friends.

When evening arrived, his home was filled with the aroma of the dishes he had prepared. There were no gifts, but there was love and friendship. And so, Marco discovered that Christmas hadn't disappeared; it had simply transformed.

And as his friends walked in, laughter and joy filled the house. That Christmas, devoid of consumerism, became the best of all.

L'Ombra del Natale

Nella desolata tenuta di Villa Grimaldi, a pochi passi da un remoto villaggio, la famiglia Grimaldi attendeva con terrore l'arrivo del Natale. La villa, con le sue mura fatiscenti e le finestre oscurate, era avvolta da una nebbia perenne che le conferiva un aspetto inquietante. Ogni anno, la vigilia di Natale, una ombra oscura si manifestava nella casa, portando con sé paura e morte.

Da generazioni, i Grimaldi erano perseguitati da questa maledizione. Si diceva che un antenato, in un tempo lontano, avesse commesso un crimine atroce, e da allora la famiglia era destinata a subire le conseguenze delle sue azioni. La leggenda narrava che, nella notte di Natale, l'ombra si sarebbe manifestata per reclamare un'anima in cambio del suo perdono.

Quella sera, le candele tremolavano e l'aria era carica di una tensione palpabile. I membri della famiglia, riuniti nel grande salone, si scambiavano sguardi nervosi. La nonna, la matriarca della famiglia, cercava di mantenere la calma, ma il suo viso era solcato da linee di preoccupazione.

"Dobbiamo affrontare l'ombra," dichiarò il padre, rompendo il silenzio. "Non possiamo lasciare che la paura ci consumi."

Ma nessuno era convinto. Le storie dell'ombra aleggiavano come spettri nei loro cuori. A mezzanotte, il suono di un campanello ruppe il silenzio della villa, e l'oscurità si fece più densa.

All'improvviso, un freddo pungente invase la stanza, e l'ombra apparve. Era una figura avvolta in un manto nero, i suoi occhi erano due voragini che sembravano assorbire ogni luce.

"Vengo a reclamare ciò che mi spetta," disse la voce profonda e rimbombante dell'ombra. La famiglia tremò all'unisono.

Ma in quel momento, la nonna, con voce ferma, si fece avanti. "Non avrai nessuno di noi! Questo è il nostro Natale, e non ti permetteremo di rovinare la nostra festa!"

L'ombra, colta di sorpresa dalla determinazione della donna, esitò. Un attimo di silenzio si protrasse, poi l'ombra svanì lentamente, lasciando dietro di sé un'eco di risate lontane.

Da quel giorno in poi, i Grimaldi decisero di celebrare il Natale nonostante la maledizione. Ogni anno, si riunivano con gioia e coraggio, ricordando la notte in cui avevano affrontato la loro paura e vinto. E così, l'ombra divenne solo un ricordo, un avvertimento di ciò che avevano superato, mentre la luce del Natale brillava sempre più luminosa nella loro villa.

The Shadow of Christmas

In the desolate estate of Villa Grimaldi, just a stone's throw from a remote village, the Grimaldi family awaited the arrival of Christmas with dread. The mansion, with its crumbling walls and darkened windows, was shrouded in a perpetual fog that gave it a sinister appearance. Every year, on Christmas Eve, a dark shadow manifested in the house, bringing with it fear and death.

For generations, the Grimaldis had been haunted by this curse. It was said that an ancestor, long ago, had committed an atrocious crime, and since then, the family was destined to suffer the consequences of his actions. The legend spoke of a night when, on Christmas Eve, the shadow would appear to claim a soul in exchange for its forgiveness.

That evening, the candles flickered, and the air was thick with palpable tension. Family members, gathered in the grand parlor, exchanged nervous glances. The grandmother, the matriarch of the family, tried to maintain her composure, but her face was etched with lines of worry.

"We must confront the shadow," declared the father, breaking the silence. "We cannot let fear consume us."

But no one was convinced. The stories of the shadow hung like specters in their hearts. At midnight, the sound of a bell broke the silence of the mansion, and the darkness deepened. Suddenly, a biting cold filled the room, and the shadow appeared. It was a figure cloaked in black, its eyes two voids that seemed to absorb all light.

"I come to claim what is mine," said the shadow's deep, rumbling voice. The family trembled in unison.

But at that moment, the grandmother stepped forward, her voice steady. "You will take none of us! This is our Christmas, and we will not allow you to ruin our celebration!"

The shadow, taken aback by the woman's determination, hesitated. A moment of silence stretched on, and then the shadow slowly faded, leaving behind an echo of distant laughter.

From that day forward, the Grimaldis decided to celebrate Christmas despite the curse. Every year, they gathered with joy and courage, remembering the night they confronted their fear and triumphed. Thus, the shadow became just a memory, a reminder of what they had overcome, while the light of Christmas shone ever brighter in their mansion.

Il Sogno di un Regalo Perfetto

Era la vigilia di Natale, e Marco si trovava davanti a una vetrina decorata, gli occhi fissi su un orologio da polso scintillante. Ogni anno, Marco cercava di trovare il regalo perfetto per sua moglie, Giulia, e ogni anno il suo tentativo si trasformava in un'odissea di insicurezze e pressioni. Quest'anno, però, sentiva che non poteva permettersi di fallire.

Mentre la città si illuminava di luci festose, Marco si sentiva sempre più ansioso. Le risate e le canzoni natalizie risuonavano attorno a lui, ma dentro di sé c'era solo un silenzio opprimente. Si chiese se il regalo potesse davvero dimostrare il suo amore. "Se non trovo qualcosa di speciale," pensò, "lei penserà che non la amo più."

I pensieri si affollavano nella sua mente mentre vagava tra i negozi. Ogni oggetto sembrava inadeguato, troppo banale o costoso. I ricordi di momenti felici insieme lo tormentavano; ogni volta che si sentiva soddisfatto di un regalo, subito dopo veniva sopraffatto dal timore che non fosse all'altezza delle sue aspettative.

Decise di entrare in un negozio di antiquariato, attratto da una meravigliosa scatola di legno intagliato. Ma quando si avvicinò, sentì un nodo allo stomaco. "E se non le piacesse?" Si guardò intorno, cercando segni di approvazione, ma trovò solo riflessi estranei nei vetri. La sua mente iniziò a vacillare, le domande si susseguivano come ombre: "Cosa dirà? Cosa penserà?"

Uscì dal negozio e si diresse verso casa, il cuore pesante e la mente in subbuglio. Decise di scrivere una lettera a Giulia, esprimendo i suoi sentimenti. Ma mentre scriveva, si rese conto che il vero problema non era il regalo, ma la paura di non essere all'altezza delle aspettative di sua moglie e delle proprie.

Quando tornò a casa, trovò Giulia in cucina, intenta a preparare biscotti. La vide sorridere, e un calore inaspettato lo colpì. La sua mente si schiarì. "Non ha bisogno di un regalo perfetto," pensò. "Ha bisogno di me, della mia presenza."

La vigilia di Natale si trasformò in un momento di intimità e connessione. Marco capì che il vero dono era la condivisione dei loro sogni e delle loro paure, e che l'amore non si misurava in oggetti, ma in momenti condivisi.

The Dream of the Perfect Gift

———

It was Christmas Eve, and Marco stood in front of a decorated window, his eyes fixed on a sparkling wristwatch. Every year, Marco tried to find the perfect gift for his wife, Giulia, and every year his attempt turned into an odyssey of insecurities and pressures. This year, however, he felt he could not afford to fail.

As the city lit up with festive lights, Marco grew increasingly anxious. Laughter and Christmas carols echoed around him, but inside him, there was only an oppressive silence. He wondered if the gift could truly demonstrate his love. "If I don't find something special," he thought, "she will think I don't love her anymore."

Thoughts crowded his mind as he wandered between stores. Every item seemed inadequate, either too trivial or too expensive. Memories of happy moments together tormented him; every time he felt satisfied with a gift, he was soon overwhelmed by the fear that it wouldn't meet his expectations.

He decided to enter an antique shop, drawn to a beautiful carved wooden box. But as he approached, he felt a knot in his stomach. "What if she doesn't like it?" He looked around, searching for signs of approval, but found only strange reflections in the glass. His mind began to falter; questions flowed like shadows: "What will she say? What will she think?"

He left the shop and headed home, his heart heavy and his mind in turmoil. He decided to write a letter to Giulia, expressing his feelings. But as he wrote, he realized that the real problem wasn't the gift, but the fear of not living up to his wife's and his own expectations.

When he returned home, he found Giulia in the kitchen, busy baking cookies. He saw her smile, and an unexpected warmth struck him. His mind cleared. "She doesn't need a perfect gift," he thought. "She needs me, my presence."

Christmas Eve transformed into a moment of intimacy and connection. Marco understood that the true gift was the sharing of their dreams and fears, and that love wasn't measured in objects but in moments shared.

Natale al Mare

Era la vigilia di Natale, e il sole splendeva alto nel cielo azzurro, diffondendo una calda luce dorata sulle onde del mare. Martina camminava lungo la spiaggia, i piedi nudi affondati nella sabbia calda. Non era mai stata abituata a un Natale così; per lei, il Natale era sempre stato sinonimo di freddo, di luci scintillanti e di famiglia riunita attorno a un tavolo imbandito. Ma quest'anno, la vita aveva deciso di riservarle un incontro inaspettato.

Si era trasferita nella sua città natale da poco tempo, spinta dal desiderio di ritrovare la sua identità. Aveva lasciato Roma, la sua vita frenetica e le sue relazioni superficiali, per affrontare il suo passato. Le onde del mare le ricordavano l'infanzia, un periodo di spensieratezza e di sogni. Ma il suo passato portava anche un peso: il suo rapporto con suo padre, che era scomparso dalla sua vita anni prima.

Un messaggio inaspettato le era arrivato pochi giorni prima del Natale: suo padre voleva incontrarla. Martina si era sentita sopraffatta da emozioni contrastanti: paura, rabbia e una piccola scintilla di speranza. Non sapeva se fosse pronta a affrontare il passato, ma il richiamo del mare era troppo forte per resistere.

Si sedette su una roccia, guardando l'orizzonte. Le onde si infrangevano con un ritmo regolare, quasi come un battito cardiaco. Ogni onda sembrava portare via un pezzo della sua paura, mentre il sole calante prometteva un nuovo inizio.

Finalmente, decise di avventurarsi verso il ristorante dove si erano dati appuntamento. L'atmosfera era calda e accogliente, ma il suo cuore batteva all'impazzata. Entrando, vide lui: un uomo più anziano, con i capelli grigi e il viso segnato dal tempo. Si sentì subito divisa tra il desiderio di abbracciarlo e la voglia di fuggire.

"Martina," disse lui, con una voce che tremava di emozione. "Non avrei mai pensato che avremmo avuto un Natale insieme."

La conversazione iniziò timidamente, con domande casuali e silenzi imbarazzanti. Ma man mano che la serata proseguiva, il mare che si affacciava dalle vetrate sembrava accogliere le loro parole, e un'atmosfera di intimità cominciò a prendere forma. Raccontarono storie del passato, di scelte fatte e di rimpianti, e Martina si rese conto che il suo cuore cominciava ad aprirsi.

"Non ti ho mai dimenticata," ammise suo padre, le lacrime agli occhi. "Ogni Natale, mi mancavi di più."

Martina sentì una fitta al cuore. Era così semplice, eppure così complesso. Le parole di suo padre sembravano sciogliere un po' del ghiaccio che si era formato intorno a lei. In quel momento, capì che, anche se il loro passato era pieno di ombre, c'era anche la possibilità di ricostruire qualcosa di nuovo.

Mentre lasciavano il ristorante, il cielo si riempì di stelle e il profumo del mare riempì l'aria. "Che ne dici di venire al mare domani?" chiese lui, speranzoso.

Martina sorrise, sentendo un nuovo calore nel cuore. "Sì, mi piacerebbe."

E così, in un Natale inaspettato al mare, Martina e suo padre iniziarono a ricucire i fili di una relazione spezzata, sotto il calore del sole e il dolce suono delle onde.

15

Christmas by the Sea

It was Christmas Eve, and the sun shone high in the blue sky, casting a warm golden light over the waves of the sea. Martina walked along the beach, her bare feet sinking into the warm sand. She had never been accustomed to a Christmas like this; for her, Christmas had always meant cold, sparkling lights, and family gathered around a laden table. But this year, life had decided to present her with an unexpected meeting.

She had recently moved back to her hometown, driven by the desire to rediscover her identity. She left Rome, her frantic life and superficial relationships, to confront her past. The waves of the sea reminded her of her childhood, a time of carefree joy and dreams. But her past also carried a weight: her relationship with her father, who had disappeared from her life years ago.

An unexpected message had arrived a few days before Christmas: her father wanted to meet her. Martina felt overwhelmed by conflicting emotions: fear, anger, and a small spark of hope. She didn't know if she was ready to face the past, but the call of the sea was too strong to resist.

She sat on a rock, gazing at the horizon. The waves crashed rhythmically, almost like a heartbeat. With each wave, it felt as if a piece of her fear was being washed away, while the setting sun promised a new beginning.

Finally, she decided to venture toward the restaurant where they had agreed to meet. The atmosphere was warm and welcoming, but her heart raced. Upon entering, she saw him: an older man, with gray hair and a face marked by time. She immediately felt torn between the desire to hug him and the urge to run away.

"Martina," he said, his voice trembling with emotion. "I never thought we would have Christmas together."

The conversation began timidly, with casual questions and awkward silences. But as the evening progressed, the sea that glimmered outside the windows seemed to embrace their words, and an atmosphere of intimacy began to take shape. They shared stories from the past, of choices made and regrets, and Martina realized that her heart was starting to open.

"I never forgot you," her father admitted, tears in his eyes. "Every Christmas, I missed you more."

Martina felt a pang in her heart. It was so simple, yet so complex. Her father's words seemed to melt a bit of the ice that had formed around her. In that moment, she understood that even though their past was filled with shadows, there was also the possibility of rebuilding something new.

As they left the restaurant, the sky filled with stars, and the scent of the sea filled the air. "How about coming to the beach tomorrow?" he asked hopefully.

Martina smiled, feeling a new warmth in her heart. "Yes, I'd like that."

And so, on an unexpected Christmas by the sea, Martina and her father began to mend the threads of a broken relationship, under the warmth of the sun and the sweet sound of the waves.

19

Il Natale a Casa di Nonna

———

Elena tornò a casa per Natale dopo anni trascorsi a vivere all'estero. La sua mente era piena di ricordi, alcune dei quali affioravano dolcemente, altri la colpivano come un pugno allo stomaco. La sua città natale, con le strade che conosceva bene ma che le sembravano ora estranee, la accolse con un abbraccio di nostalgia e desiderio.

Il viaggio in treno l'aveva portata attraverso paesaggi familiari, ma il suo cuore era carico di incertezze. Cosa avrebbe trovato al suo ritorno? La sua nonna, Teresa, che aveva sempre rappresentato il fulcro della sua infanzia, era invecchiata. Elena ricordava la nonna come una donna forte, con un sorriso che illuminava ogni angolo della casa, ma ora i segni dell'età erano evidenti nel suo volto segnato e nelle mani tremanti.

Quando entrò nella casa di nonna, il profumo dei biscotti al burro e della cannella la colpì immediatamente. Era come tornare indietro nel tempo, ma i cambiamenti erano palpabili. La tavola era imbandita per la cena di Natale, ma alcune tradizioni erano state abbandonate. Elena si sentì persa, come se stesse osservando una scena familiare da un vetro spesso.

"Sei tornata," disse Teresa, le lacrime agli occhi. "Pensavo che non saresti mai più tornata."

Elena abbracciò la nonna, sentendo il calore della sua vita che si mescolava al freddo della realtà. La cena fu un misto di silenzi imbarazzanti e ricordi condivisi. Le sorelle e i cugini erano cresciuti e cambiati; alcuni erano assenti, altri sembravano estranei. Ma tra le risate e le chiacchiere, Elena cominciò a percepire la familiarità che le era tanto mancata.

Durante la serata, Teresa le mostrò vecchie fotografie, raccontando storie della sua giovinezza, del tempo in cui anche lei era giovane e piena di sogni. Ogni immagine era un pezzo di un puzzle che Elena non sapeva di voler completare. La nonna parlava con passione di Natale trascorsi, delle tradizioni che aveva trasmesso e di quelle che erano andate perdute.

A un certo punto, la nonna si fermò e guardò Elena con uno sguardo profondo. "È importante ricordare, cara. Non solo i bei momenti, ma anche quelli difficili. L'identità è un mosaico di esperienze."

Le parole di Teresa colpirono Elena con una forza inaspettata. Si rese conto che, anche se la vita l'aveva portata lontano, le sue radici erano lì, a casa, con la sua famiglia e le loro tradizioni. Mentre la notte avanzava e i festeggiamenti continuavano, sentì un calore crescere dentro di lei, un senso di appartenenza che credeva di aver perso.

"Prometto di tornare di più," disse Elena, guardando la nonna. "Non lascerò che questa casa svanisca."

"Lo so, amore mio," rispose Teresa, un sorriso che illuminava il suo volto stanco. "La famiglia è come un albero: anche se perdiamo alcune foglie, le radici rimangono forti."

Elena si rese conto che, sebbene avesse vissuto lontano, la sua casa era sempre stata lì, pronta ad accoglierla. In quel Natale a casa di nonna, riscoprì non solo le tradizioni perdute, ma anche il legame profondo con la sua famiglia e la sua identità.

Christmas at Grandma's House

Elena returned home for Christmas after years spent living abroad. Her mind was filled with memories, some gently surfacing, while others hit her like a punch in the stomach. Her hometown, with its familiar streets that now felt foreign, welcomed her with an embrace of nostalgia and longing.

The train journey brought her through familiar landscapes, but her heart was heavy with uncertainties. What would she find upon her return? Her grandmother, Teresa, who had always been the center of her childhood, had aged. Elena remembered her grandmother as a strong woman, with a smile that lit up every corner of the house, but now the signs of time were evident in her lined face and trembling hands.

As she entered her grandmother's house, the scent of butter cookies and cinnamon hit her immediately. It was like stepping back in time, yet the changes were palpable. The table was set for the Christmas dinner, but some traditions had been abandoned. Elena felt lost, as if she were observing a family scene through a thick glass.

"You're back," Teresa said, tears in her eyes. "I thought you would never return."

Elena hugged her grandmother, feeling the warmth of her life mixing with the coldness of reality. The dinner was a mix of awkward silences and shared memories. The sisters and cousins had grown and changed; some were absent, others felt like strangers. But amid the laughter and chatter, Elena began to sense the familiarity she had missed so much.

During the evening, Teresa showed her old photographs, telling stories of her youth, of the time when she was young and full of dreams. Each image was a piece of a puzzle that Elena didn't know she wanted to complete. Her grandmother spoke passionately of Christmases gone by, of traditions she had passed down and those that had been lost.

At one point, her grandmother stopped and looked at Elena with deep eyes. "It's important to remember, dear. Not just the beautiful moments, but the difficult ones too. Identity is a mosaic of experiences."

Teresa's words struck Elena with unexpected force. She realized that even though life had taken her far away, her roots were there, at home, with her family and their traditions. As the night wore on and the celebrations continued, she felt warmth growing within her, a sense of belonging she thought she had lost.

"I promise to come back more often," Elena said, looking at her grandmother. "I won't let this house fade away."

"I know, my dear," Teresa replied, a smile illuminating her weary face. "Family is like a tree: even if we lose some leaves, the roots remain strong."

Elena realized that, although she had lived far away, her home had always been there, ready to welcome her. In that Christmas at Grandma's house, she rediscovered not only lost traditions but also the deep connection with her family and her identity.

La Notte dei Miracoli

Era la vigilia di Natale, e Luca, un uomo comune con una vita ordinaria, si trovava in un piccolo bar del suo quartiere, sorseggiando un caffè. Mentre osservava i passanti e ascoltava il crepitio delle luci natalizie, un senso di nostalgia lo pervase. Si chiedeva se ci fosse qualcosa di più nella vita di quanto avesse mai sperimentato.

Improvvisamente, la porta del bar si aprì, e un vento gelido portò con sé un misterioso viaggiatore vestito di blu, con una lunga barba bianca e occhi che brillavano come stelle. L'uomo si avvicinò a Luca e gli disse: "Sei pronto per una notte di miracoli?"

Incredulo, Luca rise e scosse la testa. Ma il viaggiatore lo invitò a seguirlo. Uscendo nel freddo, si trovò in un mondo che sembrava trasformato. Le strade erano illuminate da lanterne danzanti, e gli alberi sembravano bisbigliare segreti.

Il viaggiatore guidò Luca in un viaggio attraverso la città, dove incontrarono personaggi straordinari: una donna che faceva volare palloncini colorati come uccelli, un uomo che trasformava la neve in zucchero filato e un bambino che parlava con le stelle. Ogni incontro era un piccolo miracolo, un momento di pura magia che sfidava la logica.

In un vicolo, Luca scoprì un mercatino di Natale dove le merci erano vive: pupazzi che danzavano, caramelle che cantavano e giocattoli che raccontavano storie. Si sentì come se fosse entrato in un sogno, dove ogni desiderio era realizzabile.

La notte si intensificò, e Luca si ritrovò in una piazza affollata, dove un enorme albero di Natale splendeva. Le persone danzavano e ridevano, e nell'aria c'era un profumo di cioccolato caldo e biscotti. Il viaggiatore lo invitò a unirsi a loro. Mentre ballava, Luca sentì una felicità che non aveva mai provato prima.

Ma quando la mezzanotte si avvicinò, il viaggiatore scomparve, lasciando Luca solo. La magia iniziò a svanire, e la realtà tornò a farsi sentire. Luca si rese conto che la notte dei miracoli era stata un viaggio dentro di sé, un invito a guardare oltre la monotonia della vita quotidiana.

Quando si svegliò il giorno di Natale, il mondo sembrava diverso. Gli alberi lucevano di una nuova bellezza, e ogni incontro aveva il sapore della meraviglia. Luca sorrise, sapendo che i miracoli esistono, anche nei luoghi più ordinari.

The Night of Miracles

It was Christmas Eve, and Luca, an ordinary man with an ordinary life, sat in a small café in his neighborhood, sipping a coffee. As he observed the passersby and listened to the crackling of Christmas lights, a sense of nostalgia washed over him. He wondered if there was something more to life than he had ever experienced.

Suddenly, the café door swung open, and a cold wind swept in, bringing with it a mysterious traveler dressed in blue, with a long white beard and eyes that sparkled like stars. The man approached Luca and said, "Are you ready for a night of miracles?"

Incredulous, Luca laughed and shook his head. But the traveler beckoned him to follow. Stepping out into the cold, he found himself in a world that seemed transformed. The streets were lit by dancing lanterns, and the trees appeared to whisper secrets.

The traveler guided Luca on a journey through the city, where they encountered extraordinary characters: a woman who made colorful balloons fly like birds, a man who turned snow into cotton candy, and a child who spoke with the stars. Each encounter was a small miracle, a moment of pure magic that defied logic.

In an alley, Luca discovered a Christmas market where the goods were alive: puppets danced, candies sang, and toys told stories.

He felt as though he had entered a dream, where every wish could come true.

The night grew deeper, and Luca found himself in a bustling square where a gigantic Christmas tree sparkled. People danced and laughed, and the air was filled with the scent of hot chocolate and cookies. The traveler invited him to join them. As he danced, Luca felt a joy he had never experienced before.

But as midnight approached, the traveler vanished, leaving Luca alone. The magic began to fade, and reality crept back in. Luca realized that the night of miracles had been a journey within himself, an invitation to look beyond the monotony of everyday life.

When he awoke on Christmas Day, the world seemed different. The trees shone with a new beauty, and every encounter tasted of wonder. Luca smiled, knowing that miracles exist even in the most ordinary places.

La Festa dei Sogni

In un piccolo villaggio di montagna, coperto da un manto di neve scintillante, si raccontava una leggenda antica. Si diceva che ogni cento anni, durante la vigilia di Natale, le stelle si allineassero in un modo speciale, esaudendo i desideri più profondi dei cittadini. I bambini crescevano sognando di vedere quel magico evento, ma nessuno ricordava l'ultima volta che era accaduto.

Un giorno, un giovane ragazzo di nome Matteo decise che era arrivato il momento di scoprire la verità dietro la leggenda. Con il suo spirito avventuroso e un cuore pieno di speranza, partì alla ricerca di indizi. La notte della vigilia di Natale, si avventurò nella foresta innevata, dove gli alberi danzavano sotto il peso della neve e i fiocchi brillavano come diamanti.

Mentre avanzava, Matteo si imbatte in creature magiche. Un coniglio parlante, con una pelliccia bianca come la neve, gli raccontò che la chiave per svelare il mistero risiedeva in una stella cadente, che avrebbe illuminato il cielo nella notte di Natale. Il coniglio indicò a Matteo la direzione da prendere.

Proseguendo il suo cammino, il ragazzo incontrò una dolce fata dei sogni, che gli donò una polvere magica. "Questa ti aiuterà a vedere i tuoi desideri più veri," disse lei. Matteo, grato, continuò il suo viaggio, sentendo che il suo cuore si riempiva di meraviglia.

Quando finalmente raggiunse la cima della montagna, il cielo era dipinto di mille colori. Le stelle brillavano intensamente, e in lontananza vide la famosa stella cadente che si avvicinava. Con il cuore in gola, Matteo chiuse gli occhi e formulò il suo desiderio: "Voglio che tutti nel villaggio possano vedere i loro sogni realizzati."

In un attimo, un'esplosione di luce avvolse la montagna. Le stelle danzarono nel cielo, e i desideri dei cittadini iniziarono a realizzarsi. La neve scintillante si trasformò in dolci caramelle, e le strade del villaggio si riempirono di musica e risate. La gente si abbracciava, e i loro sogni si mescolavano in un festival di gioia.

Matteo tornò al villaggio, dove tutti lo accolsero come un eroe. La leggenda si era avverata, e il piccolo villaggio di montagna non sarebbe mai più stato lo stesso. Da quel giorno, ogni Natale si festeggiava la "Festa dei Sogni", un giorno in cui la magia e la speranza si incontravano, e i desideri di tutti venivano esauditi.

The Festival of Dreams

In a small mountain village, covered by a shimmering blanket of snow, an ancient legend was told. It was said that once every hundred years, on Christmas Eve, the stars would align in a special way, granting the townsfolk their deepest wishes. Children grew up dreaming of witnessing this magical event, but no one remembered the last time it had happened.

One day, a young boy named Matteo decided it was time to uncover the truth behind the legend. With his adventurous spirit and a heart full of hope, he set out in search of clues. On Christmas Eve, he ventured into the snowy forest, where the trees danced under the weight of the snow and the flakes sparkled like diamonds.

As he progressed, Matteo encountered magical creatures. A talking rabbit, with fur as white as snow, told him that the key to unraveling the mystery lay in a shooting star that would illuminate the sky on Christmas night. The rabbit pointed him in the direction to take.

Continuing on his path, the boy met a gentle dream fairy who gifted him with magical dust. "This will help you see your truest desires," she said. Grateful, Matteo continued his journey, feeling his heart fill with wonder.

When he finally reached the top of the mountain, the sky was painted with a thousand colors. The stars shone brightly, and in the distance, he saw the famous shooting star approaching. With his heart racing, Matteo closed his eyes and made his wish: "I want everyone in the village to see their dreams come true."

In an instant, an explosion of light enveloped the mountain. The stars danced in the sky, and the wishes of the townsfolk began to materialize. The shimmering snow transformed into sweet candies, and the streets of the village filled with music and laughter. People embraced, and their dreams mingled in a festival of joy.

Matteo returned to the village, where everyone welcomed him as a hero. The legend had come true, and the little mountain village would never be the same again. From that day forward, every Christmas celebrated the "Festival of Dreams," a day when magic and hope met, and everyone's wishes were fulfilled.

Lettera a Babbo Natale

Caro Babbo Natale,

Ti scrivo questa lettera con un cuore pieno di speranza. Ho solo sette anni e quest'anno desidero un trenino elettrico. I miei amici ne hanno uno e mi piacerebbe tanto giocare con loro. Prometto di essere buono e di non litigare con mio fratello, almeno fino a Natale. Spero che tu stia bene e che i tuoi renne siano pronte per il grande viaggio.

Con affetto,

Matteo

Caro Matteo,

Ho ricevuto la tua lettera con grande piacere. È bello sapere che hai un cuore gentile e che desideri giocare con i tuoi amici. Ricorda, però, che il vero regalo è condividere e essere gentili.

Con affetto,

Babbo Natale

Caro Babbo Natale,

Oggi ho compiuto dodici anni. Il trenino elettrico che mi hai portato è stato fantastico! Ma ora, vorrei qualcosa di diverso. Vorrei una chitarra, così posso suonare come il mio idolo. La musica mi fa sentire libero. Prometto di esercitarmi ogni giorno e di suonare canzoni felici.

Con affetto,

Matteo

Caro Matteo,

La musica è un dono meraviglioso. Sono felice che tu stia crescendo e scoprendo le tue passioni. Ricorda, il vero potere della musica sta nel modo in cui riesce a connetterti con gli altri. Continua a suonare e a diffondere gioia!

Con affetto,

Babbo Natale

Caro Babbo Natale,

Ora ho vent'anni. La chitarra mi ha aiutato a fare nuove amicizie e a suonare nei locali della città. Ma quest'anno la mia lettera è diversa. Ho perso mio nonno e mi sento un po' solo. Vorrei solo avere la forza di affrontare il dolore e il cambiamento. Ti scrivo perché voglio sapere se esiste un modo per superare questa tristezza.

Con affetto,

Matteo

Caro Matteo,

La vita è un viaggio pieno di alti e bassi. È normale sentirsi tristi quando perdiamo qualcuno che amiamo. Ricorda che i ricordi possono essere un grande conforto. Continua a

suonare la tua chitarra e a condividere i tuoi sentimenti. Non sei solo.

Con affetto,

Babbo Natale

Caro Babbo Natale,

Ho quarant'anni ora e, mentre scrivo, ripenso a tutti gli anni passati. Ho costruito una famiglia e ho due splendidi figli. La vita è meravigliosa, ma anche complessa. Mi chiedo se ho fatto abbastanza per loro. Quest'anno, il mio desiderio è semplice: vorrei solo che i miei bambini crescessero felici e sani.

Con affetto,

Matteo

Caro Matteo,

È bello vedere che hai trovato la felicità nella tua famiglia. Essere genitori è una delle avventure più grandi della vita. Non dimenticare di mostrare ai tuoi figli l'importanza della gentilezza e dell'amore. Questo è il regalo più grande che puoi dare loro.

Con affetto,

Babbo Natale

Caro Babbo Natale,

Adesso ho settant'anni. La vita è stata lunga e, talvolta, difficile. Ho perso mia moglie e i miei figli sono cresciuti e hanno le loro famiglie. Scrivo per dirti che non desidero più nulla di materiale. Quest'anno, voglio solo avere la pace interiore e continuare a ricordare i bei momenti trascorsi con le persone che amo. Grazie per avermi ascoltato in tutti questi anni.

Con affetto,

Matteo

Caro Matteo,

La vera ricchezza si trova nei ricordi e nell'amore che abbiamo dato e ricevuto. Sii gentile con te stesso e ricorda che ogni anno porta nuove opportunità di gioia. I legami che hai creato continueranno a brillare nel tuo cuore.

Con affetto,

Babbo Natale

Letter to Santa Claus

Dear Santa Claus,

I write this letter with a heart full of hope. I am only seven years old, and this year I want an electric train set. My friends have one, and I would love to play with them. I promise to be good and not to fight with my brother, at least until Christmas. I hope you are doing well and that your reindeer are ready for the big journey.

With love,

Matteo

Dear Matteo,

I received your letter with great pleasure. It's nice to know that you have a kind heart and that you want to play with your friends. Remember, though, that the true gift is sharing and being kind.

With love,

Santa Claus

Dear Santa Claus,

Today I turned twelve. The electric train you brought me was fantastic! But now, I want something different. I would like a guitar so I can play like my idol. Music makes me feel free. I promise to practice every day and play happy songs.

With love,

Matteo

Dear Matteo,

Music is a wonderful gift. I'm glad you are growing up and discovering your passions. Remember, the true power of music lies in how it connects you with others. Keep playing and spreading joy!

With love,

Santa Claus

Dear Santa Claus,

I'm twenty now. The guitar has helped me make new friends and play in the city's venues. But this year, my letter is different. I lost my grandfather, and I feel a bit lonely. I just want to have the strength to face the pain and change. I'm writing to ask if there's a way to overcome this sadness.

With love,

Matteo

Dear Matteo,

Life is a journey filled with ups and downs. It's normal to feel sad when we lose someone we love. Remember that memories can be a great comfort. Keep playing your guitar and sharing your feelings. You are not alone.

With love,

Santa Claus

Dear Santa Claus,

I'm forty now, and as I write, I reflect on all the years that have passed. I've built a family and have two wonderful children. Life is wonderful but also complex. I wonder if I've done enough for them. This year, my wish is simple: I just want my children to grow up happy and healthy.

With love,

Matteo

Dear Matteo,

It's lovely to see that you've found happiness in your family. Being a parent is one of life's greatest adventures. Don't forget to show your children the importance of kindness and love. This is the greatest gift you can give them.

With love,

Santa Claus

Dear Santa Claus,

Now I'm seventy. Life has been long and, at times, difficult. I've lost my wife, and my children have grown and have their own families. I write to tell you that I no longer desire anything material. This year, I just want to find inner peace and continue to remember the beautiful moments spent with the people I love. Thank you for listening to me all these years.

With love,

Matteo

Dear Matteo,

True wealth lies in the memories and the love we have given and received. Be kind to yourself and remember that each year brings new opportunities for joy. The bonds you have created will continue to shine in your heart.

With love,

Santa Claus

Il Mistero del Presepe Scomparso

Era l'inizio di dicembre in un piccolo villaggio siciliano, e l'aria era carica di un'atmosfera natalizia. La gente si preparava a festeggiare, mentre la chiesa del paese si adornava di luci e festoni. Ma a pochi giorni da Natale, un mistero inaspettato si presentò.

Il giorno in cui il presepe doveva essere inaugurato, il parroco, Don Antonio, si accorse che il presepe era scomparso. Non c'era traccia di esso, né delle statuine, né della capanna di paglia. La notizia si diffuse rapidamente tra gli abitanti del villaggio, creando scompiglio e un pizzico di panico.

La gente cominciò a mormorare. Chi poteva aver rubato il presepe? "È un atto sacrilego!" esclamò la signora Rosa, mentre si stringeva nel suo cappotto di lana. "Dobbiamo trovare il colpevole!" rispose il marito, il signor Giuseppe, con un tono risoluto.

Fu così che il sindaco decise di contattare il famoso detective locale, Salvatore Mancuso, noto per i suoi metodi non convenzionali. Mancuso arrivò al villaggio con un'aria disinvolta, indossando un cappotto di lana e un berretto di feltro. La gente lo guardava con curiosità.

"Ebbene, qual è il problema?" chiese Mancuso, mentre sorseggiava un caffè al bar. Don Antonio spiegò la situazione e tutti si radunarono intorno a lui, ansiosi di conoscere il piano del detective.

"Cominciamo a interrogare i sospetti," disse Mancuso, con un sorriso enigmatico. La prima persona da interrogare fu la signora Rosa, che si era lamentata per la scomparsa del presepe. "Io non avrei mai rubato un presepe, Don Salvatore!" protestò, con la voce tremante. Mancuso annuì, scrivendo le sue osservazioni.

Il detective continuò a interrogare i vari abitanti del villaggio: il panettiere, il macellaio, e persino i bambini che giocavano per le strade. Ognuno aveva una teoria diversa. "Forse è stato il gattino di Maria," propose un ragazzino, "lui ama giocare con le statuine!"

Dopo una lunga giornata di interrogatori e indagini, Mancuso si ritirò nel suo ufficio. Ripensò a tutte le risposte e a ogni piccolo indizio. Fu allora che ebbe un'illuminazione. Decise di tornare in chiesa, per dare un'ultima occhiata.

Appena entrò, si rese conto di qualcosa di strano. La luce di Natale brillava sulla parete, e una strana ombra si stagliava dietro il grande albero addobbato. Mancuso si avvicinò e, con sua grande sorpresa, scoprì il presepe nascosto dietro l'albero, coperto da un drappo rosso.

"Ecco dove era!" esclamò, ridendo. Il parroco e i cittadini accorsero e, quando scoprirono il presepe, scoppiarono in una risata collettiva. Il mistero era risolto!

Il giorno di Natale, il presepe fu finalmente inaugurato. Mancuso, con un bicchiere di vino in mano, brindò con il sindaco e i cittadini. "A un Natale pieno di misteri e di risate!" disse, mentre il villaggio si riempiva di gioia e calore.

47

The Mystery of the Missing Nativity Scene

It was early December in a small Sicilian village, and the air was filled with a festive atmosphere. People were preparing for the celebrations as the town's church adorned itself with lights and decorations. But just days before Christmas, an unexpected mystery arose.

On the day the nativity scene was supposed to be unveiled, the priest, Father Antonio, realized that the nativity scene was missing. There was no trace of it, neither the figurines nor the straw hut. The news quickly spread among the villagers, creating commotion and a touch of panic.

People began to murmur. Who could have stolen the nativity scene? "It's a sacrilegious act!" exclaimed Mrs. Rosa, clutching her wool coat. "We must find the culprit!" replied her husband, Mr. Giuseppe, with a determined tone.

So the mayor decided to contact the famous local detective, Salvatore Mancuso, known for his unconventional methods. Mancuso arrived in the village with a nonchalant air, wearing a wool coat and a felt hat. The townspeople watched him with curiosity.

"Well, what's the problem?" Mancuso asked while sipping a coffee at the bar. Father Antonio explained the situation, and everyone gathered around him, eager to hear the detective's plan.

"Let's start questioning the suspects," Mancuso said with an enigmatic smile. The first person to be interrogated was Mrs. Rosa, who had complained about the missing nativity scene. "I would never steal a nativity scene, Don Salvatore!" she protested, her voice trembling. Mancuso nodded, writing down his observations.

The detective continued to question the various villagers: the baker, the butcher, and even the children playing in the streets. Each had a different theory. "Maybe it was Maria's kitten," suggested a boy, "he loves to play with the figurines!"

After a long day of questioning and investigations, Mancuso retired to his office. He reflected on all the answers and every little clue. It was then that he had an epiphany. He decided to return to the church for one last look.

As soon as he entered, he noticed something strange. The Christmas lights sparkled on the wall, and a peculiar shadow loomed behind the large decorated tree. Mancuso approached and, to his great surprise, discovered the nativity scene hidden behind the tree, covered by a red cloth.

"Here it is!" he exclaimed, laughing. The priest and the townspeople rushed over, and when they uncovered the nativity scene, they burst into collective laughter. The mystery was solved!

On Christmas Day, the nativity scene was finally unveiled. Mancuso, with a glass of wine in hand, toasted with the mayor and the townspeople. "To a Christmas full of mysteries and laughter!" he said, as the village filled with joy and warmth.

Un Regalo Sotto La Neve

Era una fredda giornata di dicembre, a pochi giorni dal Natale, e Roma era coperta da un leggero strato di neve, una rarità in città. Le luci natalizie brillavano tra le strade affollate, e le persone correvano da un negozio all'altro per finire gli ultimi acquisti prima delle festività. Tra la folla c'erano Marco e Giulia, due perfetti sconosciuti, che non potevano immaginare quanto il destino stesse per intrecciare le loro vite.

Marco, un giovane architetto sempre impegnato, si trovava in un negozio di articoli da regalo alla ricerca di qualcosa di speciale per sua sorella. Dopo aver sfogliato cataloghi di orologi, profumi e sciarpe, si decise per un elegante orologio. Giulia, una ragazza dolce e sognatrice, era invece alla ricerca di un regalo per il suo migliore amico. Dopo tanta indecisione, scelse una calda sciarpa di cachemire, perfetta per il clima freddo.

Nel caos dello shopping natalizio, i due si trovarono per caso alla cassa nello stesso momento. Le borse si urtarono, e senza accorgersene, si scambiarono i pacchetti regalo. Nessuno dei due realizzò l'errore fino a quella sera, quando, una volta tornati a casa, aprirono i regali.

Marco fissava perplesso la sciarpa, scuotendo la testa. "Non è possibile! Questo non è il regalo che ho scelto per mia sorella!"

Giulia, dall'altra parte della città, era altrettanto confusa. "Un orologio? Ma io ho comprato una sciarpa!" Capì subito cosa fosse accaduto.

Entrambi, determinati a risolvere l'equivoco, decisero di tornare al negozio il giorno dopo, sperando di trovare il loro misterioso 'complice'. Nonostante la neve avesse reso il traffico ancora più caotico, nessuno dei due voleva lasciare l'altro senza il regalo giusto. Arrivati al negozio, si ritrovarono nuovamente nello stesso momento.

"Scusa," iniziò Marco, avvicinandosi con un sorriso imbarazzato, "credo che tu abbia il mio regalo." Giulia lo guardò con stupore, poi sorrise: "E tu hai il mio!"

Si scambiarono i pacchetti, ridendo della strana coincidenza. Ma prima di andare via, Giulia propose qualcosa di spontaneo: "Dato che siamo qui, e che questa neve è così rara, che ne dici di prendere un caffè?"

Marco accettò, e insieme si rifugiarono in una piccola caffetteria accogliente, nascosta tra le vie del centro storico. Tra una chiacchiera e l'altra, scoprirono di avere molto in comune: l'amore per i libri, i viaggi e anche un particolare talento per ritrovarsi sempre in situazioni comiche.

Il tempo volò, e prima che se ne accorgessero, era già buio. La neve cadeva più fitta, creando un'atmosfera quasi magica. Giulia guardò fuori dalla finestra e sospirò: "Penso che questo sia stato il giorno più strano della mia vita."

"Strano, sì, ma anche il più bello," rispose Marco, guardandola con un sorriso sincero.

Prima di salutarsi, si promisero di rivedersi prima di Natale. E mentre Giulia camminava verso casa, con la sua sciarpa di cachemire tra le mani, non poté fare a meno di sorridere. La neve, oltre a riportare il suo regalo, le aveva portato anche qualcosa di inaspettato: l'inizio di una nuova storia.

A Gift Under the Snow

It was a cold December day, just a few days before Christmas, and Rome was covered by a thin layer of snow, a rare sight in the city. The Christmas lights sparkled among the busy streets, and people rushed from store to store, trying to finish their last-minute holiday shopping. Among the crowd were Marco and Giulia, two perfect strangers, unaware that fate was about to weave their lives together.

Marco, a busy young architect, was in a gift shop looking for something special for his sister. After browsing through watches, perfumes, and scarves, he finally decided on an elegant watch. Giulia, a sweet and dreamy young woman, was looking for a gift for her best friend. After much hesitation, she chose a cozy cashmere scarf, perfect for the cold weather.

In the chaos of the holiday rush, the two found themselves at the checkout at the same time. Their bags bumped into each other, and without realizing it, they accidentally swapped their gift packages. Neither of them noticed the mistake until that evening, when they got home and opened their gifts.

Marco stared in confusion at the scarf, shaking his head. "This can't be right! This isn't the gift I bought for my sister!"

On the other side of the city, Giulia was equally puzzled. "A watch? But I bought a scarf!" She quickly understood what had happened.

Determined to fix the mix-up, they both decided to return to the store the next day, hoping to find the mysterious 'partner in crime.' Despite the increased snowfall making traffic even worse, neither of them wanted to leave the other without their proper gift. Arriving at the store, they spotted each other once again at the same moment.

"Excuse me," Marco began, approaching with an embarrassed smile, "I think you have my gift." Giulia looked at him in surprise, then smiled: "And you have mine!"

They exchanged the packages, laughing at the strange coincidence. But before parting ways, Giulia made a spontaneous suggestion: "Since we're here, and this snow is so rare, how about we grab a coffee?"

Marco agreed, and together they headed to a small, cozy café tucked away in the heart of the old town. Over light conversation and laughter, they discovered they had much in common: a love for books, travel, and a shared talent for finding themselves in humorous situations.

Time flew by, and before they knew it, it was already dark. The snow was falling even heavier, creating a magical atmosphere outside. Giulia looked out the window and sighed: "I think this has been the strangest day of my life."

"Strange, yes, but also the best," Marco replied, smiling at her warmly.

Before saying goodbye, they promised to see each other again before Christmas. And as Giulia walked home with her cashmere scarf in hand, she couldn't help but smile. The snow, besides returning her gift, had brought something unexpected: the beginning of a new story.